Und die Moral
von dem Gedicht … ?

eine Sammlung von

Lebensweisheiten

mit Resümee

Nach einer launigen, eher prosaischen Ein-
führung (in Prosa, wenngleich nicht allzu
prosaisch) gibt´s hier lyrisch verpackte
Lebensweisheiten, die als praktische Le-
benshilfe in eine Moral münden.

Das Buch

Eine zum Lachen und Nachdenken anregende Sammlung von launigen Gedichten mit besonderer Pointe. Man darf allerdings schon genau hinhören, um sie nicht zu verpassen.

Zum Autor, also mir selbst:

Jahrgang 1957 und Jurist, weswegen ich mir zu Beginn meiner beruflichen Entwicklung im Studentenwohnheim auch zunächst den „Ehrentitel Mensch" erarbeiten musste. Und weil dies erfolgreich war, gehe ich hier keineswegs ausschließlich typisch juristischen Fragen wie „wer will was von wem woraus" nach, sondern nähere mich den Realitäten des Daseins eher auf lyrisch-philosophische Weise, ohne das vergleichsweise trockene Vokabular des Juristen.

Die von mir gesammelten Erfahrungen im öffentlichen Dienst, nicht zuletzt während langjähriger Tätigkeit im Bundeskanzleramt, standen dabei zwar nicht gerade Pate, aber bei dem einen oder anderen „Erkenntnisgewinn" auch nicht im Wege, sondern wirkten bisweilen sogar inspirierend.

Zwischen Fertigstellung der Texte für dieses Büchlein und ihrer Veröffentlichung hatte ich mich mit der Frage auseinander zu setzen, unter welchem Namen ich das Ganze veröffentlichen wollte. Diese weniger lyrische, dafür aber durchaus bedeutsamere Frage beschäftigte mich eine ganze Zeit lang.

Ein Autorenpseudonym sollte gleich mehrere Funktionen erfüllen: Zugleich klangvoll und einprägsam wirken, jedoch nach Möglichkeit ebenfalls ein wenig die innere Einstellung des Autors und der Texte, die er so von sich gibt, widerspiegeln.

Da es vorliegend um kritische, aber auch hintergründige Betrachtung und Kommentierung von Ereignissen geht, fiel mir als Autorenpseudonym zunächst der griechische Gott Momos, die Personifizierung von Kritik und Respektlosigkeit, ein, auch wenn die folgenden Texte nicht so negativ sind, wie es sich Momos vielleicht gewünscht hätte. Momos machte bei seiner Kritik nicht einmal vor den Göttern und ihren Leistungen halt, weswegen ihn Göttervater Zeus schließlich aus dem Olymp warf.

Ich wollte nun nicht den Zorn der Götter auf mich lenken, aber das ironische Element im Namensbestandteil „Momos" gefiel mir immerhin. Der erste Teil des Pseudonyms war gefunden.

Der zweite Teil des zunächst erwogenen Künstlernamens leitet sich daraus ab, dass ich vorliegend „meinen eigenen Senf dazu tun" wollte. In meiner Heimatstadt heißt allerdings der Senf, oder was man an dessen Stelle in allen rustikalen Altbierbrauhäusern findet, auch wenn es „Düsseldorfer Löwensenf" natürlich gibt: „Mostrich". Der Rheinländer tut ja bekanntermaßen überall seinen Senf dazu und in Düsseldorf eben seinen Mostrich. Vermischt mit etwas Ironie kommt „Momostrich" raus. Ein aus meiner Sicht ganz passables Autorenpseudonym.

Nun galt es den Vornamen zu finden. Der Vorname sollte sich von dem „schlauen Odysseus" ableiten, das ist der, der vor Troja den entscheidenden Einfall mit dem hölzernen Pferd hatte. Schließlich wollte ich mit meinen Versen niveauvoll spötteln. Der griechische Name von Odysseus lautet aber eigentlich Ulixes, also gewissermaßen „Ulli"!

Ein bisschen schwankte ich erst noch, mir statt „Ulli" lieber den Vornamen „Palli" zu geben, nach einem weiteren griechischen Helden vor Troja: Palamedes.

Ulixes war nämlich zwar sehr schlau, wie seine Einfälle vor Troja zeigen und wie es bei seiner zehnjährigen Rückfahrt, der berühmten Odyssee, deutlich wird, galt aber dennoch nicht als der schlaueste Grieche, als solcher galt eben Palamedes.
Dieser hatte es nämlich geschafft, sogar den klugen Ulixes, der sich eigentlich vor dem Abenteuer Troja drücken wollte, mit einer List zur Teilnahme zu bewegen. Deswegen hat sich Ulixes später an Palamedes gerächt, indem er ihn übel verleumdete, so dass Palamedes hingerichtet wurde. Dennoch ist im Gedächtnis der meisten Historiker Odysseus als besonders schlau haften geblieben und Palamedes irgendwie in den Hintergrund getreten. Außerdem klingt „Ulli" irgendwie lustiger als „Palli".

Also: Ulli Momostrich! ... dachte ich!

Aber dann waren da noch meine Frau und meine Tochter (siehe die Widmungen im Anschluss):

Momostrich klingt so komisch, das ist doch kein Name, das versteht keiner und Ähnliches musste ich mir anhören. Und dann ging alles ganz schnell. Der zweite Künstlername, der sich aufdrängte, kam einfach irgendwie daher.

Dieses Mal war erst der Vorname da: „Martin". Ein schöner Name mit einem schönen Symbol: „Den Mantel teilen". Und der Nachnahme? Irgendwas, was nett klingt. ...

Darum also, und weil wenigstens auch der „Rheinländer" durchklingen soll: Martin Rheinders. So einfach kann´s gehen!

Bevor es losgeht, noch ein paar Widmungen, die mir ein wirkliches Anliegen sind und Menschen betreffen, die mir nicht nur nahe stehen, sondern die zu meinem Leben auch irgendwie ihren Mostrich (!) dazu gegeben haben:

Meiner Tochter,
ohne die es dieses Büchlein nicht gäbe.

Meiner Frau,
ohne die es meine Tochter nicht gäbe.

Meiner Schwester,
ohne die es hier weniger Reime gäbe.

Meinen Eltern,
ohne die es mich nicht gäbe.

Inhaltsverzeichnis

Verwendungshinweis

Unser Dasein bringt es nun einmal mit sich, immer wieder mehr oder weniger sperrige Alltagssituationen bewältigen zu müssen. Neben dem eigenen Erfahrungsschatz erweist sich dabei die eine oder andere durchdachte Lebensweisheit als hilfreich. Natürlich werden durch die darin enthaltenen Ratschläge nicht immer letzte Wahrheiten vermittelt, aber es kann sich doch bisweilen als nützlich erweisen, einer so erhaltenen klugen Empfehlung zu folgen.

Dabei wollen die folgenden Zeilen nicht einfach nur Lebensweisheiten aufgreifen. Nach kurzer Einführung sollen diese zusätzlich in der Form launiger Gedichte vermittelt werden, deren Aussage in einer besonderen Pointe gipfelt.

Zum Abschluss wird der tragende Gedanke des Ratschlags jeweils kurz zusammengefasst (… und die Moral von dem Gedicht …).

Also dann, …

Im Wanderzirkus

Die Sicherung des Lebensunterhaltes stellt täglich größere Anforderungen an uns alle. Als Beleg hierfür soll ein kleiner Wanderzirkus dienen. Unter dem Druck ökonomischer Sachzwänge gilt es, ein immer weiter schrumpfendes Publikum mit dementsprechend immer knapper werdenden Mitteln „bei der (Zelt-)Stange zu halten". Dazu bedarf es einer *stil*sicheren Hand bei der Auswahl von Darbietungen und Attraktionen, die man dem erstaunten Publikum präsentieren will, aber zugleich einer *ziel*sicheren Hand, was die Finanzierung dieser Darbietungen angeht. Mit Augenmaß heißt es hier, gewisse Abstriche vorzunehmen, ohne echte Wirkungseinbußen zu erleiden.

Hilfreich bei diesem Unterfangen wirkt die Tatsache mit, dass viele Menschen nicht so genau hinter oder unter die Dinge sehen, sondern sich vielmehr vom schönen Schein der Fassade oder Oberfläche blenden lassen. Bei Zauberkünstlern kann man da schon mal beide Augen zudrücken, denn, sich dem schönen Schein hinzugeben, ohne wirklich betrogen zu werden, stellt kein wirkliches Gefahrenpotential dar.

Entscheidend ist nämlich eigentlich nicht was wir sehen, sondern, was wir zu sehen meinen oder schlicht, was wir sehen möchten. Wenn wir ehrlich sind, so ist doch derjenige Konzertbesucher, der einem Unbekannten, in der Meinung, dieser sei Paul McCartney, die Hand geschüttelt hat, viel glücklicher, als einer, den Paul McCartney tatsächlich aber unerkannt begrüßt hat.

Verhelfen wir also den Menschen getrost zu ein wenig subjektivem Glück, indem wir sie nicht allzu intensiv mit der oft harten Realität belästigen und ihnen stattdessen das Gefühl geben, etwas wirklich Exotisches gesehen zu haben.

Im vorliegenden Fall musste sich offenbar ein Zirkusdirektor - und es ist nicht ohne Bedeutung, dass es sich um den Direktor eines *kleinen* Zirkus´ handelt - aus den genannten Geldzwängen heraus solche oder ähnliche Gedanken machen. Herausgekommen ist ein liebenswürdiger Kompromiss.

Im Wanderzirkus

In einem Zirkus, einem kleinen,
Sprach der Direktor, mir will scheinen,
Dass es hier bald schon heftig regnet,
Worauf ein Pfleger ihm entgegnet:
„Dann wird es wohl das Beste sein,
Ich hol´ mal schnell das Zebra rein."

(Und die) Moral (von dem Gedicht)

Ein bisschen Mogeln schadet nicht,
Doch mach das Ganze wasserdicht!

Ursprung und Ende

Wir sehen: Manchmal kann ein erforderlicher *Ab*strich durch einen geschickt aufgetragenen *An*strich vorgenommen werden. …

Es folgt ein weiterer Versuch, es etwas kürzer zu machen, der indessen nicht ganz so knapp wie der „Wanderzirkus", ausgefallen ist.

Anfang und Ende liegen oft dicht beieinander. Der Wunsch, Ursprünge und Zusammenhänge zu finden, erfordert daher schon mal den Blick auf Anfang und Ende zugleich. Mit Blick auf die Erde könnte einem hier die biblische Sentenz einfallen: „Gedenke Mensch, dass du Staub bist und zum Staube zurückkehrst."

Aber auch am flüssigen Element kann das genannte Prinzip verdeutlicht werden. Schließlich besteht der Mensch ja nicht nur zum überwiegenden Teil, d.h. etwa 70%, aus Wasser (bei unseren Frauen oft Wasser in seiner schönsten Form), sondern ist ja wohl auch irgendwann einmal, zunächst noch als

Amphibie, dem nassen Element entstiegen. Also ließe sich ebenfalls formulieren: „Gedenke Mensch, dass du Wasser bist und zum Wasser zurückkehrst." Zumindest Seebestattungen hätte man damit vermutlich sogar treffender umschrieben.

Wählen Sie, lieber Leser, das Ihnen genehme Element!

Ursprung und Ende

Die Forschung hat ganz klar ergeben,
Aus unserm Wasser kommt das Leben.

Doch wenn wir ehrlich uns besinnen,
Muss es da nicht allein beginnen!

Denn ist er nicht mehr lebensfroh,
Stürzt mancher sich ins H - 2 - O.

Drum manchmal, wie man's dreht und wen-
det,
Das Leben auch im Wasser endet.

Moral

Manch´ Element in seine Hände,
Nimmt schon mal Anfang und auch Ende.

Hohe Messlatte

Ziemlich oft im Leben werden wir mit anderen Menschen verglichen. Besonders hart wird es dann, wenn die Vergleichsperson in den zu vergleichenden Disziplinen geradezu traumhafte Werte aufweist. Und, auch wenn es eigentlich gar nichts mehr zu steigern gibt, am allerschlimmsten ist es, wenn wir uns mit einer perfekten Person vergleichen lassen müssen. Alles kann dieses Phantom besser. Jede Entscheidung ist besser durchdacht, jede Planung absolut gründlich, jede Aufgabe perfekt gelöst. So mag es manchem Kind ergehen, dem die Eltern immer wieder den zuverlässigen und fleißigen älteren Bruder oder die besonders lernfreudige ältere Schwester, die sich als Belohnung für ihre Assistenz bei der elterlichen Steuerklärung gerne weitere Hausaufgaben wünscht, als Beispiel vorhalten. Natürlich verstehen solche Eltern nichts von moderner Erziehung, aber das nützt dem so unter Druck gesetzten Kind wenig.

Nicht nur Kindern kann es aber so ergehen. Dies musste sich kürzlich während des Got-

tesdienstes jemand schmerzlich ins Ge-
dächtnis rufen. Eben noch lauschte er er-
griffen dem ersten Graduale, einem Zwi-
schengesang nach der Lesung, da stellte der
Bischof überraschend eine rhetorische Fra-
ge, die sich leider als nicht rhetorisch er-
wies.

Hohe Messlatte

Am Sonntag, in der Kathedrale,
Sieht man, beim ersten Graduale,
Den Bischof ganz nach vorne schreiten,
Er predigt über Menschlichkeiten.
„Perfekt", so spricht der Hirt zur Herde,
„Ist niemand hier auf uns´ rer Erde.
Wir alle sind nur unvollkommen,
Das gilt sogar für die ganz Frommen.

Ja, oder Brüder, kennt ihr einen,
Für den man müsste dies verneinen?
Kennt ihr vielleicht ein menschlich´ Wesen
Das stets vollkommen nur gewesen?"
Er schaut herab von dem Altare,
Erwartet keine Kommentare.
Denn sowas kann es doch nicht geben,
Niemals, nicht hier, bei allem Streben!

Doch plötzlich konnt´ er was erleben,
Denn eine Hand tat sich erheben.
Ein kleiner Mann hat sich erhoben,
Und spricht: „Zwar will ich keinen loben,
Doch wenn ich mal erklären kann,
Ich kenne den perfekten Mann.
Stets Rechtes tat, ich weiß genau,
Der erste Mann von meiner Frau!"

Moral

Bist du Ersatz, gibt´s nichts zu lachen,
Nur schwer kannst du es besser machen!

Das Würmchen
oder
die wahren Freunde

„Man muss einen schon sehr lieb haben, um einem so wehtun zu können." Diesen Satz bekommt man als Erläuterung oder Entschuldigung schon einmal zu hören, wenn sich jemand dafür rechtfertigen will, dass er einen anderen verbal verletzt hat. Auch wenn man natürlich schon mal Klartext reden muss, so erscheint die Kernaussage der genannten Entschuldigung doch eher fragwürdig, denn Klartext kann man auch ohne persönliche Verletzungen reden.

Dennoch lassen sich die wirklichen Verhältnisse nicht immer verlässlich am äußeren Schein festmachen. Man muss gelegentlich ganz genau hinschauen, um den wahren Charakter der Dinge, und damit auch, wer wirklich Freund und Feind ist, zu erkennen. Überraschungen sind da möglich.

Auch das im Folgenden beschriebene Schicksal eines Kerbtierfrühchens zeigt dies.

Das Würmchen
oder
die wahren Freunde

An einem sehr, sehr kalten Morgen,
Kroch einst, den Kopf voll schwerer Sorgen,

Ein Würmchen rum auf einer Wiese,
Befand sich dort in echter Krise.

Es fand für sich gar keine Bleibe
Der Frost griff rauh nach seinem Leibe.

Und hätte unser Würmchen Ohren,
So wär´n auch die schon steif gefroren.

Es dachte, soll das etwa heißen,
Ich muss ins kalte Gras jetzt beißen? …

Da klatscht es plötzlich, braun und warm
Denn eine Kuh entleert´ den Darm.

Genau auf unser zitternd Würmchen,
Macht sie ein rundes warmes Türmchen

Wohltemperiert, gar keine Frage,
Gibt´s nunmehr keinen Grund zur Klage.

Von warmer Freude schnell erfüllt,
Da robbt es, angenehm umgüllt,

Umschmeichelt von dem weichen Fladen
Durch´s Paradies für kleine Maden.

Soeben noch vom Tod bedroht
Fand sie den Überlebenscode.

Lässt gut sich´s geh´n und kriecht spazie-
ren
Wie man´s so macht bei nied´ren Tieren.

Jetzt geht´s ihm wirklich richtig fein
Hier ist er Wurm, hier darf er´s sein.

Geschafft! hätt´ es sich sagen sollen!
Hier bleib ich, da gibt´s nichts zu wollen.

Doch -übel- leider wurd´ stattdessen
Das Würmchen ziemlich selbstvergessen.

Anstatt im braunen Ambiente
Zu bleiben bis zur sich´ren Rente,

Kommt unser Würmchen ins Sinnieren
Will gar was Neues ausprobieren:

Was mag denn wohl jetzt draußen sein?
Vielleicht ein wenig Sonnenschein?

Und steckt auch noch, oh welch ein Graus,
Den Kopf zum Fladen weit heraus.

Und kaum das dies geschehen war,
Pickt -schwupp- ganz rasch ein schwarzer
Star

Das Würmchen raus aus seinem Fladen,
Denn Stare steh´n nun mal auf Maden.

Es sollte sich wohl so ergeben,
Hier endet´ dieses Madenleben.

Moral:

Nicht jeder, scheißt er dich auch an,
Der ist dein Feind, oh guter Mann.

Und der dich aus der Scheiße zieht,
Ist nicht stets Freund, wie man hier sieht.

Der Biker

Das folgende Gedicht ist das Ergebnis zahlreicher Erfahrungen mit einem nahen Verwandten, der im Straßenverkehr die Verkehrsverstöße anderer Verkehrsteilnehmer in der Regel - und meistens unter Bestehen auf „seiner" Vorfahrt - mit der Bemerkung „du Saftsack" zu quittieren pflegt. Irgendwann kann man da natürlich auch mal an den Falschen geraten. Denn irgendwann fühlt sich da vielleicht jemand nicht nur beleidigt, sondern zeigt dies auch dadurch, dass er die reklamierte Vorfahrt nicht gewähren will. Und auch wenn bisher noch immer alles gut gegangen ist, so muss dies ja nicht zwangsläufig so bleiben. Davon ist zumindest auszugehen, wenn man diese provozierende Haltung überstrapaziert.

Also besser rechtzeitig einmal ein Schimpfwort heruntergeschluckt und Rücksicht genommen, sonst kann es einem wie folgt ergehen:

Der Biker

(oder Recht haben allein
genügt manchmal nicht)

Ein Biker, von Gemüt recht heiter,
Der wollte rasch nur immer weiter.
Besonders fuhr er gerne schnelle
Auf stets und immer grüner Welle.

Er hielt nur kurz, grad dann und wann,
Ging´s gar nicht mehr, auch schon mal an.
Dies tat er bloß so grad zur Not,
Da war es meist schon dunkelrot.

Doch wenn man mal nicht richtig schaute,
Und ihm die Vorfahrt auch noch klaute,
Quittiert´ er das an allen Orten
Sogleich mit ziemlich harschen Worten.

„Mensch, Saftsack", war sein liebstes Wort
Das kam sogleich, das kam sofort.
Ob mittelalt, ob Greis, ob Gör,
Bekam das jeder zu Gehör.

So fuhr er eines Tages munter
Im zwölften Gang den Radweg runter.
Als plötzlich rückwärts, das war mies,
Ein Auto aus der Ausfahrt stieß.

Dass er da in die Bremse ging,
Das war nun wirklich nicht sein Ding.
Stattdessen sprang er ziemlich keck
Dem Auto schnell quer über´s Heck.

Er hinterließ ´ne kleine Delle,
Rief noch „du Saftsack" auf die Schnelle,
„Ihr könnt mich mal, ihr blöden Säcke",
Dann war er auch schon um die Ecke.

Nur kurz darauf, an and´rem Ort,
Da setzt´ sich die Geschichte fort.
Lief ihm doch glatt ein Rentnerlein
Gedankenlos ins Rad hinein.

Na klar, alleine schon deswegen
Schallt Opa „Saftsack" auch entgegen.
Es kann für ihn nichts and´res gelten
Wer Fehler macht, den muss man schelten!

Dann ging es weiter, kurz darauf,
Da hielt ihn noch ein Laster auf.
Und weil im Recht, fuhr unser Mann
Auch diesmal ziemlich nahe ran.

Anstatt sich einmal hier zu sagen:
„Das ist ein ziemlich dicker Wagen,
Um einen Unfall zu vermeiden,
Bleib´ ich mal lieber hier bescheiden",

Hielt er auch diesmal wieder drauf,
So nahm das Schicksal seinen Lauf.
Der LKW schwang zügig rum
Und mähte unser´n Biker um.

Im toten Winkel abgeschnitten
War er des Fahrers Blick entglitten.
So streifte ihn zu seinem Peche
Die ziemlich große Ladefläche.

„Du Saftsack!" war sein letztes Wort,
Dann rollte ihn der Notarzt fort.
Und seine Frau erfuhr erst später
Dies letzte Wort vom Sanitäter.

„Ach ja", sprach sie, „das ist mein Mann.
Er sagt dies Wort, so dann und wann.
Nun sagen *sie* mir doch einmal,
Er liegt in *welchem* Hospital?"

Moral

Bist du als Biker auch im Recht,
Besteh´ nicht drauf, dir´s stets zu nehmen.
Du musst, hängst du am Leben recht,
Auch zum Verzicht dich mal bequemen !

Knigge
oder ein Opfer der Konventionen

„Wenn das der Freiherr sähe …" pflegte mein Vater früher anlassbezogen zu bemerken, wenn meine Schwester oder ich es wieder einmal mit den Benimmregeln - insbesondere bei Tisch - nicht so genau genommen hatten. Aber keine Sorge, unsere Erziehung verlief keineswegs so streng, wie es diese Bemerkung vielleicht erahnen lassen könnte. Unser Vater scherzte gerne und ließ uns bei der Nahrungsaufnahme - und auch sonst - genügend Freiheiten. Ob die linke Hand exakt neben dem Teller lag, war nicht so wichtig; ob sie (und ihr Gegenstück) gewaschen war, dagegen schon.

Adolph Freiherr von Knigge war da schon strenger, wie hinlänglich bekannt ist. Auch heute noch gelten seine Regeln, wenngleich wohl nicht mehr so konsequent wie früher.

Letzteres ist auch gut so, denn man kann sich mit seinen Regelwerken auch übernehmen, wie sogleich deutlich werden wird.

Knigge

(oder „Ein Opfer der Konventionen")

Der Freiherr Knigge, unbestritten,
Der pflegte einst die guten Sitten.

Er liebte Takt und Höflichkeit
Und zwar schon lang´ vor uns´rer Zeit.

Kartoffeln, Fisch, nie mit dem Messer,
Ein Bäuerchen, das lässt man besser.

Was er auch schrieb, das war die Norm,
Er gab dem Leben Schliff und Form.

Doch nicht nur für die Konventionen
War er der Papst, möcht´ ich betonen!

Er fand daneben manchen Spass
Beim Bad im salzdurchsetzten Nass.

Das Tauchen war sein zweites Leben,
Für´s Schnorcheln wollt´ er alles geben. …

So glitt er eines Tages munter
Ins tiefe rote Meer hinunter.

Da kam ein Hai, zwar nicht der weiße,
Doch Meister Knigge dachte: „Sch…".

Natürlich tat er das nicht sagen,
Nein, den Fauxpas wollt´ er nicht wagen.

Denn eines seiner Lieblingsthemen,
War - wie bekannt - ja das Benehmen!

Drum nicht geflucht, heraus das Messer,
Da fühlte er sich schon viel besser.

So ein Gerät zum Schutz vor Haien,
Das kann von Ängsten schon befreien.

Doch, … wie er so die Klinge schwingt,
Es seltsam an sein Ohr da dringt:

Hört er den Hai doch räsonieren:
„Mein Freiherr, sind das denn Manieren?

Fisch mit dem Messer, welch´ Vergehen!
Das müssen sie doch eingestehen!"

Und Knigge, war´s ihm auch nicht lieb,
Fand: „Pech, der Hai kennt mein Prinzip."

Dann ließ er rasch das Messer fallen,
Tat nicht einmal die Fäuste ballen.

Es nutzte dies der Hai ganz keck,
Mit einem Haps war Knigge weg.

Sein Leben musste er verlieren,
Und alles wegen der Manieren.

Moral

Machst Du ein Regelwerk für Alle,
Bau damit selbst dir keine Falle!

Die heilige Kuh

Ja, so ist das mit den Regeln. Eigentlich sollen sie allen nützen und keinem schaden, auch wenn man schon mal zurückstecken muss. Aber gleich das Zeitliche segnen, nur weil man mal das falsche Bestteckteil im Anschlag hat? Das geht wohl etwas zu weit.

Zu weit gehen ist auch das Stichwort für die nächste Lebensweisheit. Man sollte nämlich die einem anvertrauten Haus- und Nutztiere mit gebührendem Respekt behandeln, es aber auch hier nicht übertreiben! Schlimm genug, dass Hunde ein Herrchen, Katzen dagegen Personal haben.

Es gibt also Tiere, an denen wir besonders hängen! „Seit ich die Menschen kenne, liebe ich die Tiere", soll Arthur Schopenhauer geschrieben haben. Und der „Alte Fritz" hat schon zu Lebzeiten seinen Hunden einen bedeutsameren Platz eingeräumt, als vielen Mitmenschen. Die letzte Ruhestätte für seine besten Freunde ganz in seiner Nähe einzurichten, war daher nur die logische Folge. Auch verhungern weltweit Kinder, während manche Haustiere wegen Überfettung Gelenkschäden bekommen. …

Auch wenn die Unterernährung von Kindern sicher ein ganz trauriges Kapitel der Menschheit darstellt, wird vermutlich mancher einsame Mensch sowohl Schopenhauer als auch den Alten Fritz gut verstehen können. Oft ist der treue Vierbeiner der einzige Gefährte im Alter. Er ist anhänglich oder einfach nur da, hilft gegen die Einsamkeit, freut sich, wenn er einem begegnet, wobei wir jetzt nicht der Frage nachgehen, ob diese Freude immer ausschließlich uns selbst oder unseren Nahrungsmittelvorräten gilt. Es sieht jedenfalls so aus, als würden wir geliebt, und das genießen wir mit allen uns zur Verfügung stehenden Sinnen.

Natürlich gibt es Grenzen. Einige Tiere eignen sich wenig als Kuschel- oder Haustiere. Ich denke da etwa an die heiligen Ratten in indischen Tempelbezirken. Trotzdem hat es sogar die Ratte geschafft, als Lieblingshaustier in unsere Kinderzimmer vorzudringen. Nicht selten übertreiben wir es auch mit unseren „Heiligen Kühen", vor allem im übertragenen Sinn. Denken wir nur an die „Heilige Kuh Automobil". …

Bei aller Liebe und Zuneigung sollte stets klar bleiben, wer denn den Ton angibt und - nicht nur in der Nahrungskette - weiter oben steht. Bei Rangfestlegungen ist hierbei ein überlegener Geist nicht stets hilfreich, sondern im Gegenteil manchmal sogar hinderlich.

Die heilige Kuh
oder
Geist mal denkt und mal beschränkt

Es stand auf ziemlich grünem Rasen
Ein Rindvieh, nur um da zu grasen.

Und wie´s im Maul manch´ Halm bewegte,
Sich auch im Hirn dazu was regte.

Als ob es sonst zu tun nichts hätte,
Da denkt es an die Nahrungskette.

Wo steh´ ich denn in dieser Reihe?
Nur etwas über Gras und Kleie? …

Dann kommt nach reiflichem Besinnen
Sie zu dem Schluss: Wohl mitten drinnen.

Was soll´s, sie lässt das mal so steh´n,
Will friedlich grasend weitergeh´n,

Da sieht sie, erst noch leicht verschwom-
men,
So jemand auf sich zu jetzt kommen.

Sie schaut noch mal, nur jetzt genauer,
Ja und erkennt, es ist der Bauer!

Er trägt was Großes, kann sie sehen,
Das hindert ihn sogar beim Gehen.

Und rasch, wär´ da noch zu erwähnen,
Ganz plötzlich kommen ihr die Tränen.

Voll Panik lässt in dieser Phase
Sie sogar ab vom frischen Grase.

Sie steigert noch ihr wildes Heulen
Und fragt: „Will der mich heute keulen?"

Denkt wieder an die Nahrungskette:
„Wenn ich ´nen bess´ren Rang doch hätte.

Vielleicht als wilder Kampfesstier
Dann hätte man Respekt vor mir."

Doch gleich fügt sie besorgt hinzu,
„Das geht ja nicht, ich bin ´ne Kuh!"

Und deren Fleisch, so zart und mild,
Man ja noch sehr viel lieber grillt. …

Es hilft nichts, wenn sie auch nicht mag,
Doch heut´ ist auch kein Frauentag.

Der Bauer hat sie nun erreicht,
Sie steht ganz still, vor Furcht erbleicht.

Schon spürt durch eine Nebelwand
Sie jetzt des Bauern kalte Hand.

Will er sie zur Beruhigung tätscheln?
Ein letztes Mal sie noch verhätscheln? …

Tatsächlich! … Und die schweren Lasten,
entpuppen sich als großer Kasten.

Den jetzt der Bauer hin ihr stellt
Und der nur Köstliches enthält.

Jetzt endlich kommt sie selber drauf,
Ihr geht ´ne Stalllaterne auf.

Wir sind ja tief in Indien hier,
Da ist die Kuh ein heilig´ Tier.

Und Nahrungskette hin und her,
Ich hab jetzt keine Sorgen mehr.

So sind die Dinge, wie ihr seht,
Tatsächlich manchmal recht verdreht.

Der Mensch steht oben, ist der Star;
Beherrscht die Tiere, das ist wahr.

Kraft seines Geistes steht er oben,
Sein Grips ist daher wohl zu loben.

Doch manchmal ist´s der gleiche Geist,
Der ihn woanders hin verweist.

Dann lässt er sich, mit andern Worten,
Auch weiter unten mal verorten.

Das gibt den Tieren er zu spüren,
Und kann zu Stellungswechseln führen.

Ja, so der Geist, der sonst sich regt,
Hier selber Fesseln um sich legt.

Demnach genügt´s nicht nur zu denken,
Man darf sich dann auch nicht beschränken.

Sonst bleibt der Mensch ein gutes Stück
Noch hinter einer Kuh zurück. …

Der Kuh passt´s gut, sie schaut nur dumm
Und kaut auf etwas Gras herum.

Moral

Der Geist befreit, doch zu ergänzen,
Ist, dass er manchmal setzt auch Grenzen.

Er lässt uns, statt es zu verzehren,
Ein Tier als heilig uns verehren.

Wir sollten ihn drum nicht umnachten,
Und lieber nach Befreiung trachten.

Milch und Wein

Eine standesgemäße Verbindung einzugehen, war viele Jahrhunderte lang nicht unproblematisch. Dieses Problem hat sich in jüngster Zeit deutlich entschärft, ob immer zum Glück für die Verbundenen, soll hier nicht vertieft werden. So kann etwa die Tochter eines höheren Offiziers heutzutage ohne weiteres einen Zivilisten heiraten oder eine Lebenspartnerschaft eintragen lassen. In höheren Adelskreisen hält man zwar noch etwas mehr an Traditionen fest, selbst dort, ja sogar bei „Königs", ist man jedoch inzwischen für bürgerliche Quereinsteiger offen - wenn diese nur lange genug warten können.

Bei Getränken kann das manchmal anders sein. Hier gibt es edle und weniger edle Vertreter. Traditionell gilt der Saft aus vergorenen Trauben als besonders edel, was ihn im Umgang mit anderen Flüssigkeiten schon mal etwas zur Herablassung neigen lässt.

Das darf man indessen nicht überbewerten!

Milch und Wein
(oder eine problematische Beziehung)

Sprach frische Milch zum reifen Weine:
„Komm, Süßer, lass mich sein die Deine!

Wir wollen heftig Liebe machen,
Viel scherzen, schmusen und auch lachen."

Darauf der Wein, er war rosé:
„Ich keine Zukunft für uns seh´!

Denn mir wird klar mit einem Blick:
Nach einmal schmusen bist Du dick.

Ein bisschen schnell für einmal lieben,
Wo bleib´ da ich mit meinem Trieben?

Ach ja, und schau´ ich noch genauer,
Bist du vermutlich ganz schnell sauer.

Und - ich bin trocken, gar nicht süß,
Darum sag´ ich jetzt ganz schnell mal
Tschüß!"

Die Kleine denkt, „so´n blöder Knilch",
Fließt traurig hin zur Muttermilch.

„Was bildet dieser Kerl sich ein,
Er denkt, er ist ein bess´rer Wein.

Die Mutter tat es längst erahnen,
Sie kennt sie, die Erotomanen.

„Lass doch den Mut nicht jetzt schon sin-
ken!
Man kann auch jungen Wein gut trinken!

Und meist, beim ersten Dekantieren
Verlier´n die alten die Manieren.

Und dann sind sie - ich bin gehässig -
Ganz schnell nur noch ein bisschen Essig.“

Und Onkel Joghurt flocht noch ein:
„Du meinst, rosé war dieser Wein?

Dann steht er sowieso auf Knaben,
Die gleiche Orientierung haben.“

Bleib lieber deiner Linie treu
Nimm dir ´nen Quark, so frisch, wie neu.

Den seh´ ich besser zu dir passen,
Der wird dich nicht so schnell verlassen.

Die Kleine denkt sich, „gut ihr Leut´,
Ich lass den Wein, nicht nur für heut´."

Moral

Und die Moral von der Geschicht´:
Milch und auch Wein, geht wirklich nicht.

Denn wenn ich nur den Jahrgang nehme,
So macht alleine das Probleme.

Drum ist es klar, so muss es sein:
Stets jung die Milch und alt der Wein!

Das Objekt

oder dem Spion auf der Spur

Sie lauern überall, diese Spione! Besonders natürlich in den Zentren der Macht und ganz besonders in der eigentlichen Machtzentrale, dem Bundeskanzleramt. Der Autor selbst hat viele Jahre dort als treuer Staatsdiener zugebracht und wurde immer wieder in Fragen der Sicherheit und des Geheimschutzes unterwiesen. Das konnte nicht ohne Folgen bleiben und so fing ich demgemäß auch nach einer gewissen Zeit an, hinter jeder Ecke den neugierigen Agenten zu vermuten und auch die harmlosesten Zeichen entsprechend verdächtig zu finden.

Eines Tages fiel mir deshalb in einem Zimmer des Kanzleramtes, das sich neben einem akustisch besonders abgeschirmten Besprechungsraum befand, ein weißlich-okkerfarbener Streifen von etwa zehn Zentimetern Länge auf. Dieser hob sich relativ deutlich von dem dunklen „Eiche-rustikal" Hintergrund ab, aus dem die gesamte Innenvertäfelung des (Bonner) Bundeskanzleramtes bestand und noch besteht. Vermutlich handelte es sich um ein wenig Holzleim, der zur Ausbesserung einer leichten Beschädigung verwendet und nicht vollständig wieder entfernt oder nachgedunkelt worden war.

Zunächst kam mir der Einfall, das Ganze scherzhaft als „Kunst am Bau" zu betrachten und ich schmiedete erste Pläne für eine „Objektvernissage". Im Rahmen einer Präsentationsveranstaltung sollte, zum Schutz „des Objekts", zunächst eine Glasscheibe davor angebracht und das Kunstwerk sodann einer breiteren Öffentlichkeit vorgestellt werden. Auch ein treffender Name für das Kunstwerks war ziemlich schnell gefunden: „Ohne Titel 1".

Gerade noch rechtzeitig wurde mir dann aber klar, dass es vermutlich doch keine Kunst war, die sich da präsentierte. Die Trennwände des alten Bundeskanzleramtes in Bonn bestehen nämlich aus vertäfelten Wänden, die zur besseren Lichtdurchflutung im oberen Teil sämtlich über eine Glasscheibe verfügen. Wenn man sich daher zum Beispiel auf eine große Bodenvase stellte, konnte man (nur theoretisch natürlich, denn

so etwas machte man ja nicht), ins Neben-
zimmer schauen. Und plötzlich fiel es mir
wie Schuppen von den Augen: Dies war ein
eindeutiges Zeichen für eine geheimdienst-
liche Aktivität! ...

"Das Objekt"

In einem Amt lebt lange schon
Ambitioniert der Herr Spion.

Er möchte wissen und auch hören,
Doch dabei möglichst wenig stören.

Besonders will er gerne seh´n,
Was nebenan für Leute steh´n.

Klein von Statur und hoch die Wand,
Dies wird nicht leicht, hat er erkannt.

Drum eine Vase einfallsreich
Nimmt er sich und besteigt sie gleich.

Jetzt darf er endlich zwar was seh´n,
Doch kann das Ganze nicht gut geh´n.

Es rutscht vom Teppich voller Tücke
Die Vase weg und bricht in Stücke.

Beraubt des Standbeins rasch er klammert
Sich an die Wand, wobei er jammert.

Ja, ohne Topf lässt schnell er lose,
Die Schwerkraft zerrt an Hemd und Hose.

Und abwärts muss der arme Tropf,
Ganz nah zur Wand mit seinem Kopf.

So rutscht herab am edlen Holz
Die Nase, sonst sein ganzer Stolz.

Am Boden endlich angekommen
Schaut er zur Wand, noch ganz benommen.

Dort, wie zum Hohn, und nicht geheim,
Glänzt dort herab ... (hier fehlt der Reim).

In langer Spur, noch feucht und locker,
Klebt´s hoch am Holz, in weißlich ocker.

Dort sieht man diese zarten Flocken
Noch heut´, inzwischen aber trocken.

Moral:

Willst schnüffeln du mit deiner Nase,
Gib auf sie acht in dieser Phase!

Dem Schicksal von der Schippe

Kann man seinem Schicksal entrinnen oder ist uns alles vorherbestimmt? Keine Sorge, im Folgenden soll nicht über Determinismus, Kismet oder Indeterminismus philosophiert werden. Allerdings geht es schon um die Frage, ob wir in dem Bemühen, dem Schicksal oder einem bestimmten Ereignis auszuweichen, gerade dafür sorgen, dass dieses eintritt.

Dass es manchmal nicht möglich ist, seinem Schicksal auszuweichen, sollen die folgenden Zeilen unterstreichen. Neben dieser eigentlichen Erkenntnis kann als Zusatzinformation noch mitgenommen werden, bestimmte scheinbare Hinweise oder Zeichen nicht zu überbewerten oder sich allzu sehr nach ihnen zu richten bzw. ihnen entgegenwirken zu wollen.

Bevor es losgeht noch zwei Erläuterungen, auch auf die Gefahr hin, der geneigten Leserschaft etwas längst Bekanntes mitzuteilen:

In den nächsten Zeilen werden Sie einen „Hedo" kennen lernen. Als Hedoniker oder Hedonisten, eben kurz „Hedo", bezeichnet man einen Menschen, für den allein der Genuss Sinn und Zweck des menschlichen Handelns darstellt - bisweilen im Übermaß. ...

Außerdem wird von einer sogenannten Bestattungsmesse die Rede sein. Dabei handelt es sich keineswegs um einen Trauergottesdienst, sondern eine kommerzielle Veranstaltung, wie beispielsweise die „Internationale Funkausstellung" in Berlin oder die „Boot" in Düsseldorf. Im Rahmen solcher Ausstellungsstrukturen haben inzwischen auch Bestattungsmessen längst ihren festen Platz gefunden. So behandelten bereits 2006 die „Quo Vadis" in Salzburg oder 2007 die „Venia" in Brünn das Thema Beisetzung. Der Trend setzt sich fort, etwa 2016 mit der „Nekropolis" in Moskau, der für 2017 geplanten „Pieta" in Dresden oder der in Hamburg, (auch) für 2017 geplanten „happy END". Einzelheiten können u.a. der „Bestattungswelt" entnommen werden, einem Anzeigenblatt für den Bestattungsmarkt. - Was es nicht alles gibt?!!

Schau´n wir mal. ...

Dem Schicksal von der Schippe ?

Es ist schon ziemlich lange her,
So tausend Tage oder mehr,
Da fuhr zu einem Einkaufsbummel
Nach Hamburg rein Hans-Fiete Rummel.

Hans-Fiete war zwar jung an Jahren,
Doch dennoch sehr konsumerfahren.
Von Hause aus stets gut betucht,
Ließ er nicht gern´ was unversucht.

Manch´ Euro sah man ihn vergeuden
Für zweifelhafte Lebensfreuden.
War mal sein Körper kurz vor´m Ende,
Ein kleines Dope bracht´ stets die Wende.

Dazu sein Job, im Autohause
Bescherte ihm manch´ schnelle Sause.
Drum alle Kumpels, die ihn kannten,
Ihn schlicht nur „Fiete-Hedo" nannten.

Mit seinen grad mal dreißig Lenzen
Konnt´ er vom Äuß´ren kaum noch glänzen.
Bei all´ den vielen Nervengiften,
War er schon jetzt fast reif für´s Liften.

Sein Körper war denn auch ermattet,
Doch ausruh´n war heut´ nicht gestattet.
So denn, mit zwei bis drei Tabletten,
Wollt´ er auch diesen Tag noch retten.

Dann stürzt er, mit Konsumgefühle,
Sich zügig rein ins Kaufgewühle.
Hört nicht mal dieses eine male
Auf seines Körpers Warnsignale.

... ...

Zur gleichen Zeit, dort an der Elbe,
Tat jemand anders fast dasselbe.
Es wollt´ auch Meister Tod probieren,
Mal dort zu shoppen und flanieren.

Entdeckt, ja das kann doch nicht schaden,
Für letzte Dinge einen Laden.
Und findet passendes heraus,
Zunächst mal ein Bestattungshaus.

Schaut nach, wo gibt es schöne Kränze,
Und Bücher über Totentänze.
Sieht Texte an mit schwarzem Rand,
Sucht für den Kranz auch noch ein Band.

Lernt einen Steinmetz dabei kennen
Sieht manche Kerze lange brennen.
Natürlich ist dann auch dabei
Für Särge eine Schreinerei.

Er geht zum Kriminalmuseum
Genießt im Dom mal das Te Deum.
Ein Requiem kommt noch dazu,
Es fand grad jemand letzte Ruh´.

Noch zur Bestattungsmesse dann,
Parterre gab´s schon mächtig fun.
Eins höher, in der Bell-Etage,
Noch schnell zur Urnen-Vernissage.

Muss das denn wirklich alles sein,
Denkt sich versonnen grad Freund Hein.
Inmitten Hamburgs Häusermeer,
Wo ganz genau, weiß keiner mehr. ...

... ...

Da steht, auf seinem Einkaufsbummel,
Ganz plötzlich vor ihm Hedo Rummel.
Zwei lange Blicke von den beiden,
Dann sieht man sie schon wieder scheiden.

Sogleich, wer will es ihm verübeln,
Kommt unser Hedo schwer ins Grübeln.
Er denkt: „Was schaut der Sensenmann,
Mich grad denn so bedrohlich an?"

Zwar ist er sonst ein frecher Spötter,
Glaubt nicht an Gnade oder Götter,
Doch jetzt wird´s auch dem Hedo heiß.
Er denkt zum ersten mal: „Wer weiß? ...

Hat Gott dem Tod vielleicht befohlen
Mich hier und heute ab zu holen?"
Der Hedo wird ganz blass und stille,
Und diesmal hilft auch keine Pille.

So reift, man kann es wohl so nennen,
Recht rasch in ihm drum dies Erkennen:
„Ich muss aus Hamburg schnell verschwin-
den,
So kann der Tod mich hier nicht finden."

Gesagt, es folgt ein Griff zum Handy,
Dort meldet sich sehr zügig Mandy.
Denn dies ist seiner Chefin Name,
Im Autohaus die erste Dame.

Sie fragt: „Mensch Hedo, alter Junge,
Wie geht´s denn deiner Raucherlunge?
Ich denk, du bist in Hamburg tingeln,
Warum lässt du´s denn bei mir klingeln?"

„Ach, Chefin", stöhnt mit schwerem Herzen
der Hedo – „mir ist nicht zum Scherzen."
Und presst hervor, voll schwerer Sorgen:
„Du musst mir kurz mal etwas borgen.

Ich hatte, kann es sowas geben,
Doch just ein schreckliches Erleben.
Ich sah dem Tod grad in´s Gesicht,
Was ich da sah, gefiel mir nicht.

Er schaute drohend, unverhohlen,
Als sei er da, mich abzuholen.
Ich glaub´ ich soll, ja kaum zu fassen,
In Hamburg heut´ mein Leben lassen.

Drum muss ich rasch von hier verschwinden
Heut´ darf der Tod mich hier nicht finden.
Ich bring´s mal kurz auf einen Nenner:
Ich brauche unsern schnellsten Renner."

Die Mandy stellt nicht lange Fragen,
Sie sagt: „O-K, nimm meinen Wagen.
Der Maserati flitzt ganz wacker,
Da bist du zügig hier vom Acker."

Ergänzt, sie ahnt schon seine Bitte:
„Ich bring ihn schnell bis zur Stadtmitte."
„Oh ja", stöhnt Hedo voll Entzücken,
„Ich warte bei den Landungsbrücken."

Ganz kurz darauf sitzt er am Steuer,
Von dem Gefährt, das schnell und teuer.
Und strebt, dreihundert auf dem Tacho,
Nach Osten mit recht viel Karacho.

Die Mandy schlendert unterdessen
Durch Hamburg und geht erst mal essen.
Sie setzt sich hin in Hamburgs Mitten,
Wählt Wachteleier, Kaviarschnitten,

Besucht noch einen Modetempel,
Kauft hier und da unnützen Krempel,
Beschaut bei Kaffee ihre Beute,
Liest etwas in der „Frau von Heute".

So geh´n die Stunden rasch vorbei,
Doch Mandy hat ja heute frei.
Dann endlich denkt sie an zu Hause,
Freut sich auf eine warme Brause. …

… … …

Grad will sie sich dazu erheben,
Da hat auch Mandy ihr Erleben.
Es setzt sich zu ihr, ganz gelassen,
Freund Hein, die Mandy kann´s kaum fas-
sen.

Sie wird ganz blass rund um die Nase,
Ihr fällt nichts ein in dieser Phase. …
Da spricht Freund Hein: „Nur keine Sorgen,
Du bist nicht dran, nicht heut´, nicht mor-
gen."

Der Mandy fällt ein Stein vom Herzen,
Sie kann schon wieder etwas scherzen.
Spürt sie auch etwas Unbehagen,
Wagt Sie es doch, Freund Hein zu fragen:

„*Ich* darf auf´s Weiterleben hoffen,
Doch hast Du heut´ ´nen Freund getroffen.
Der musste mir vorhin gestehen,
Du hätt´st ihn drohend angesehen."

„Ach so, du meinst wohl Fiete Rummel?!
Stimmt schon, vorhin bei einem Bummel,
Da lernte ich ihn erstmals kennen,
Nein, kennen kann man das nicht nennen.

Ich weiß von ihm doch erst seit heute,
Ein Auftrag, der mich nicht sehr freute.
Der hat an seiner Lebensgrenze
Ja wirklich erst noch wenig Lenze.

Ich muss ihn heute zwar kassieren,
Doch soll dies gar nicht hier passieren.
Er ist heut´ Abend abzuholen,
Auf einer Straße, tief in Polen.

Ich bin zwar für sehr vieles offen,
Doch machte dies mich schon betroffen.
Drum sah ich diesen jungen Mann
Nur überrascht, nicht drohend an.

Doch nun genug der vielen Worte!
Ich muss zu einem andern Orte!
War nett mit dir noch grad zu plaudern,
Doch gilt es jetzt nicht mehr zu zaudern.“

Der Tod schaut plötzlich sehr geschäftig.
Die Mandy, die erschreckt sich heftig.
Sie dachte, Hedo könnt´ entweichen
Und müsste heute nicht erbleichen.

Wie sie den Tod jetzt sieht verschwinden,
Da weiß sie, er wird Hedo finden.
Sie schlägt sich vor´s Gesicht die Hände,
Ganz weit entfernt naht Hedo´s Ende.

Grad gab er noch mal richtig Gas,
Sehr tief in Polen, das macht Spaß.
Dann nimmt vor Warschau, auf der Graden,
Der Maserati schweren Schaden.

Ja, eben lief´s noch richtig klasse,
Da fegt´s den Renner von der Trasse.
Er überschlägt sich mit zweihundert,
So kam das Aus, was nicht verwundert.

Der Hedo tat´s nicht mehr erleben,
Denn auch sein Herz stand still soeben.
Es folgte nicht mehr Hedo´s Willen,
Nach all´ den vielen harten Pillen.

Es gab noch ein bis zwei Verfahren,
Was denn die wahren Gründe waren.
Woran es lag, das blieben Fragen,
Ob Raserei, ob Herzversagen.

Und schließlich schloss man doch die Akten,
Trotz vieler ungelöster Fakten.
Dies ist schon eine Weile her,
Wie lang genau, weiß keiner mehr.

Moral:

Nicht alles, was wir so erleben,
Will rechten Rat fürs Schicksal geben.
Dem Schicksal kann man kaum entrinnen,
Doch in der Zeit sich wohl besinnen,
Was wir dem eig´ nen Körper schulden,
Dann wird Freund Hein sich mehr gedulden.

Das rechte Gebot

Wenn man mal nicht weiter weiß, helfen nicht selten die Ratschläge eines guten Freundes. Hoffnungsvoll sucht daher mancher Ratlose gelegentlich einen wirklich lebenserfahrenen Mentor auf, um sich von ihm den Ausweg aus einer scheinbar ausweglosen Lage zeigen zu lassen. In Persona werden oft Pfarrer, Gurus oder weise Rabbis gefragt. Ihre Ratschläge sind zwar nicht selten doppeldeutig, aber jedenfalls weiterführend, auch wenn ein weiser Ratschlag einen manchmal ganz anders ans Ziel bringt, als zunächst vorgesehen. Hören Sie, liebe Leser, wie es einem Mann erging, der einen wertvollen Gegenstand vermisste:

Das rechte Gebot

Einst kam mit Sorgen im Gesichte
Zu seinem Rabbi, dass er´s richte,
Ein Mann in allerbesten Jahren,
Und ließ den Rabbi dies erfahren:

„Oh Rabbi, guter, weiser Mann,
Hör mich mit meiner Sorge an.
Mein gold´nes Brillenetui,
Von dem ich trennte mich noch nie,
Das ist ganz plötzlich jetzt verschwunden,
Ich such es überall seit Stunden.

Dann sprach er noch ganz unverhohlen,
Ich glaub es wurde mir gestohlen,
Und zwar von einem der Verwandten,
Von Neffen, Nichten oder Tanten.
Die klauen doch, so wie die Raben,
Jetzt möchte ich´s gern wiederhaben."

Der Rabbi sprach: „So ist´s im Leben,
Doch kann ich diesen Rat dir geben:
Lass die Verwandten dich besuchen,
Lad ein zu Tee und reichlich Kuchen.
Und mitten in der Völlerei,
Holst du das heil´ge Buch herbei.

Dann mach´s, wie vormals die Zeloten,
Lies vor, ja aus den zehn Geboten!
Und kommst du erst zur Nummer sieben
Das deutlich sagt zu allen Dieben:
Nein, du sollst niemals stehlen gehen! -
Dann wird der Dieb sehr bald gestehen.
Tu so und komm mir dann berichten,
Von Tanten, Neffen oder Nichten."

Der Mann verschwand und nach drei Tagen
Erzählt´ er, wie die Dinge lagen:
„Ja, Rabbi, ich ging schnell nach Hause,
Und plante auch die große Sause.
Lud ein darauf zur großen Tafel,
Zu Kuchen, Tee und viel Geschwafel.
Ich ließ sie sich voll Kuchen stopfen
Und gab auch noch ´nen Hefezopfen.
Sodann griff ich zum heil´gen Buche,
Auf dass ich deinen Rat versuche.

Ich las laut vor, nicht übertrieben,
Und hoffte stark auf Nummer sieben.
Doch mitten in dem großen Hoffen
Bin ich auf Nummer sechs getroffen:
Geh nie zu einem Seitensprunge,
Du sollst nie fremdgeh´n alter Junge!

Da fiel mir ein, auf welcher Matte,
Ich´s Etui vergessen hatte."

...

Moral

Liest man die Bibel nur beizeiten,
Sich schon die Horizonte weiten.
Doch liegen Dinge, man beachte,
Oft anders, als man sich´s erst dachte.

Der Bär des Zarewitsch

Wie geht es weiter, wenn man sich gerade gut mit einer Aufgabe eingerichtet hat, die recht einträglich ist und einen nicht übermäßig fordert, wenn der eigentliche Aufgabenkern aus irgendeinem Grunde plötzlich wegfällt? Schließt man die Akten, löst sich von der einträglichen Sache und wendet sich neuen Herausforderungen zu? Keineswegs! Man kann doch auch ohne Aufgabenerfüllung, ja sogar ganz ohne Aufgabe Einkommen erzielen. Leistung und Gegenleistung bedingen sich eben nicht immer. Solange der Leistende gar nicht merkt, dass er eigentlich gar keine Gegenleistung mehr erhält, kann man seinen Geschäften auch weiterhin „erfolgreich" nachgehen! Natürlich sollte die Tätigkeit mit nicht zu großer Anstrengung verbunden sein. ...

Übrigens: Im Bereich der Steuer funktioniert dieser Mechanismus ebenfalls sehr gut. Die Schaumwein- oder Sektsteuer, im Jahre 1902 zur Finanzierung der kaiserlichen (!) Hochseeflotte eingeführt, hält sich bis heute. Und mit hoher Wahrscheinlich-

keit wird auch dem 1991 eingeführten Soli-
daritätszuschlag ("Soli"), der die Kosten
der deutschen Wiedervereinigung abfedern
und ebenfalls eigentlich nur "vorläufig" bzw.
temporär erhoben werden sollte, ein noch
längeres Dasein beschieden sein.

Bei der folgenden Betrachtung eines Bei-
spiels für die soeben geschilderte Fallkons-
tellation (Fortführung einer lukrativen Auf-
gabe, hier einer Betreuung, bei welcher der
Betreuungsgegenstand nicht mehr im Mit-
telpunkt des Interesses steht oder sogar
nicht mehr existiert) ist selbstverständlich
jeder Vergleich mit lebenden oder ermor-
deten Personen der Zeitgeschichte unbeab-
sichtigt. Die Dynastie der Romanows wird
im nächsten Gedicht lediglich als griffiges
Beispiel herausgegriffen, um die Abläufe an
Königshöfen im Allgemeinen zu verdeutli-
chen. Ebenfalls bedarf es hier eigentlich
keiner Erwähnung, soll aber dennoch nicht
unerwähnt bleiben, dass sich derartige
Entwicklungen keineswegs auf kleine Zare-
witschs, Dauphins oder auch Kronprinzen
bzw. ganz allgemein royale Kreise beschrän-
ken.

Das Gegenteil ist der Fall; auch etwa im politischen oder richtigen Leben zeigen sich derartige Entwicklungen gerne immer wieder.

Der Bär des Zarewitsch

Es herrschten einst als Autokraten,
Ganz souverän mit fester Hand,
Die Romanows in Russlands Staaten,
Und wurden Zaren dort genannt.

Man lebte gut, nach alter Sitte,
Ganz orthodox, der Kirche treu,
Als Oberboss in Volkes Mitte,
Das alles ist uns ja nicht neu!

Und diese wahren Potentaten,
Die auch nur schwache Menschen sind,
Die zeugten auch, ihr habt´s erraten,
So hin und wieder mal ein Kind.

Sie wollten nicht nur Töchter haben,
Nein, auch noch jemand für den Thron.
Da brauchte es schon einen Knaben,
Als Nummer fünf kam erst der Sohn.

Zarewitsch hieß dort jener Knabe
Der später Pappis Thron erklimmt.
Drum zur Geburt gab´s manche Gabe,
Die auch vom Wert her recht gut stimmt.

So schenkte man dem süßen Kleinen,
Kaum dass er mal drei Jahre war,
Ein Kuscheltier auf grad vier Beinen,
Ganz süß und mit so weichem Haar.

Ein Bärchen war´s und ganz lebendig,
Zum knuddeln sah es wirklich aus.
Sehr munter und auch ziemlich wendig,
Das Tierchen brachte Schwung ins Haus.

Tat der Zarewitsch sich auch freuen,
Bald wurde allen schrecklich klar:
Das Bärlein muss man auch betreuen,
Da braucht es Hilfe, oh wie wahr.

Erst baute man ihm einen Zwinger,
Da hatte man schon etwas Ruh´.
Doch dies allein war nicht der Bringer,
Ein Trainer musste noch herzu.

Dann noch ein Silo für sein Fressen,
Ein Tierarzt wurde engagiert.
Ein Pfleger, auch nicht zu vergessen,
Man war zu zweit, zu dritt, zu viert.

Ein Stall für seine Futtertiere,
Die ließ man auch nicht ganz allein.
Ein Winterbau, dass er nicht friere,
Was es auch war, nie kam ein Nein!

Die Bauten brauchten täglich Pflege,
Ein Wartungstrupp sich dazu fand.
Wie für das Tierchen seine Hege,
Gab´s für den Bau manch´ Werkers Hand.

Das Ganze rief nach einem Leiter,
Auch der ward baldigst dann bestellt.
Doch nicht genug, es ging noch weiter,
Manch´ Stallknecht gleichfalls sah sein
Geld.

Bald lief der Laden in drei Schichten,
Ja, sowas gab´s auch damals schon.
Auf praktisch nichts galt´s zu verzichten,
Es war halt für des Zaren Sohn!

So werkelten bald vierzig Leute
Und waren gerne auch dabei.
Der gute Job schlicht alle freute,
Es gab viel Geld und häufig frei.

Des Zaren Sohnemann indessen
Sah selten noch beim Bären rein.
Er hatte and´re Interessen,
Es musste bald was Neues sein.

So sah man manches Jahr verstreichen,
Die Dinge sollten wohl so sein.
Vom Zarenhof kam auch kein Zeichen
So richtete man sich drauf ein.

Da plötzlich kam ein Ruf des Zaren:
„Wie geht es denn dem Meister Petz?"
Und alle plötzlich munter waren,
Des Zaren Wort, das war Gesetz.

So trat der Leiter vor den Zaren,
Mit unbeweglichem Gesicht.
Sehr leise seine Worte waren,
Gesenkten Blicks kam der Bericht:

Sprach: „Majestät, ich rapportiere,
Der kleine Bär ist lang schon tot.
Er litt an einer schwachen Niere,
Der Arzt bekam´s nicht mehr ins Lot.

Nach irgendwelchen and´ren Quellen,
Starb er, und das macht gleichfalls Sinn,
An Viren oder Salmonellen,
Ja, jedenfalls schied er dahin."

Doch dann, es ist ihm schwere Bürde,
Setzt er hinzu mit keckem Mut:
„Doch wie ich gern ergänzen würde: …
Es geht auch ohne Bär ganz gut!"

Moral

Hat man ´nen Job, bequem, nicht schwer,
Und stimmt dabei auch das Salär,
Dann kriegt man keinen großen Schreck,
Fällt das, worum es geht, mal weg.
Denn hat man sich gut eingerichtet,
Man gern auf Druck und Stress verzichtet.

Die Zaubergeige

Musik verzaubert! Diese Weisheit ist weit verbreitet. Ja, manchmal wundert man sich, wieweit die Zauberkraft von Musik reichen kann. Um ihre Zauberkraft allerdings wirkungsvoll entfalten zu können, benötigt Musik ein Instrument oder, allgemeiner ausgedrückt, einen Klangkörper. Fast noch mehr, als über die Reichweite der Zauberkraft von Musik, kann man davon überrascht sein, welche Klangkörper so für die Erzeugung von Musik oder Tönen der verschiedensten Art in Frage kommen oder jedenfalls verwendet werden. Skurril wird es, wenn, manchmal aus einer Not heraus, auf Geräten gespielt wird, die sehr gewöhnungsbedürftige Töne erzeugen oder jedenfalls solche, an die man sich gar nicht erst gewöhnen möchte.

Nicht immer ist alles gewollt, was sich da so ereignet, daher muss man manchmal improvisieren. Flexibilität ist gefragt.

Hören wir, wie es Gino und seinem Vater mit ihren Instrumenten erging.

Die Zaubergeige

Es war vor Jahr´n und auf Sizilien,
Da griff sich Gino, ein Bambino,
Den Ranzen und noch Utensilien,
Denn Gino war auch Violino!

So nennt man schon mal jene Knaben,
Die Kolophonium und Geigen
In ihren schwarzen Kästen haben,
Und, was sie können, gern´ auch zeigen.

Der Gino war schon hoch auf Touren,
Ach ja, er wollte wirklich weiter.
Denn er wollt´ weg von Pappis Spuren,
Weil was der macht, stimmt´ ihn nicht hei-
ter.

Des Pappis Jobs, das weiß der Kleine,
Die sind so nichts für Musikale.
Da geht es mehr um große Scheine,
Oft kombiniert noch mit Randale.

Für die, die Pappi noch nicht kennen,
Er schafft gern´ für die Ehrenwerten.
Man könnt´ ihn mafiös drum nennen,
Ja, oder echten Crime-Experten.

Die Mafia geht rauben, raffen,
Und dieses oft in großen Banken.
Benutzt dabei auch gern´ mal Waffen
Zum Griff nach Euros, Dollars, Franken.

Und Gino weiß, an diesem Tage
Will Pappi wieder Geld besorgen.
Nicht schön für Gino, keine Frage,
So strebt er fort den Kopf voll Sorgen.

Mit Ranzen und dem schwarzen Kasten,
Läuft so zur Schule unser Gino.
Und heute muss er doppelt hasten,
denn er ist spät dran zum Termino.

Die Geige gilt es dort zu streichen,
Im Wettkampf will er alles geben,
Den ersten Preis dazu erreichen,
Um nicht auf Pappis Art zu leben.

Er öffnet drum, kaum angekommen,
den Geigenkasten, um zu streichen.
Doch was ist das, denkt er beklommen,
Denn was er sieht, lässt ihn erbleichen.

Er wollte heut´ vor allen Dingen,
Nur langsam löst sich seine Starre,
Die Geige zum Erklingen bringen.
Im Kasten doch liegt … Pappis Knarre!

Vertauscht hat man in Morgens Eile
Den einen mit dem and´ren Kasten.
Und jetzt sind drinnen jene Teile,
Die rein nicht sollten, und nur passten.

Ein Lehrer gleichfalls konnt´s erblicken,
Und sprach: „Mit dieser Knarre geigen?
Ich glaub´, das kannste aber knicken,
Ich muss dir das wohl nicht erst zeigen?"

„Ach, nicht so schlimm", sagt unter Tränen,
Der Gino tapfer, gar nicht feige.
„Doch Pappi steht, muss ich erwähnen,
Jetzt in der Bank mit meiner Geige."

…

Zur gleichen Zeit im Bankgebäude,
Steht Pappi und schreit: „Her die Scheine",
Dann merkt er, nicht zur eig´nen Freude,
Die Knarre, die ich hab, ist keine!

Das wär es eigentlich gewesen,
Doch Pappi hat nichts zu verlieren.
Beginnt so, ziemlich dicht am Tresen,
Die Violine zu traktieren.

Das ist nun wahrlich kein Vergnügen,
Fühlt jeder in der Schalterhalle.
Wer sowas lobt, der würde lügen.
Hör bloß bald auf, so denken Alle.

Und jeder gibt gern ein, zwei Scheine,
„Oh mög´ das Spiel nur zügig enden."
Und Pappi, clever, wie ich meine,
Hält *doch* noch Scheine in den Händen.

Und Gino, als er davon hörte,
Der lächelt und er murmelt leise:
„Das war´s, was mich schon immer störte,
Ich komm zu Geld auf andre Weise."

Moral

Trotz Plan, im letzten Augenblick,
Kann´s schiefgeh´n, selbst beim Meister-
stück.
Drum besser, kurz bevor man startet,
Noch einmal alles kurz gewartet.
Denn eines muss hier leider gelten:
Das Glück im Unglück kommt ehr selten!

Früher Vogel fängt
- nicht stets -
den Wurm !

oder: Ein Lob dem klugen Zauderer

Ob Morgenstund´ „Gold im Mund" hat oder nur am Beginn von Lastern oder sonstigen ziemlich üblen Entwicklungen steht, soll an dieser Stelle nicht abschließend geklärt werden. Grundsätzlich gilt natürlich, dass, wer sich rechtzeitig regt, in aller Regel die besseren Chancen hat.

Übermaß aber, gewöhnlich durch das Wörtchen „zu" angedeutet, wirkt sich nicht stets positiv aus. Dies zeigt sich zunächst bei denen, die später kommen, denn die sind eben oft "zu" spät. Aber man kann auch "zu" früh kommen. Angemessener kann es daher sein, etwas später, wenngleich nicht "zu" spät zu kommen.

Diese Erkenntnis ist sicher nicht neu, denn die Tatsache, dass eigentlich alles eine Frage der richtigen Dosis oder des richtigen Maßes, also auch Zeitmaßes, ist, hatten bereits die alten Griechen (und vor ihnen wohl schon die alten Mesopotamier, Chinesen oder Ägypter) gewonnen und weitergegeben.

Die folgenden Verse sollen zeigen, dass es auf den richtigen Zeitpunkt ankommt und man zwar gut fährt, wenn der eigene Geist früh genug wach ist, aber zum Erfolg ebenso ein wenig überlegtes Abwarten zur rechten Zeit beitragen kann. Später bedeutet eben nicht immer "zu" spät!

Und dass auch Abwarten eine manchmal probate Bearbeitungstechnik darstellt, ist nicht nur dem Durchschnittsbeamten wohlbekannt.

Früher Vogel fängt den Wurm ! - ?
oder: ein Lob dem klugen Zauderer

Der frühe Vogel fängt die Würmer,
Wer früh erwacht, nach vorne kann.
Das ist so richtig was für Stürmer,
Wer zaudert, der steht hinten an.

Grundsätzlich auch bestraft das Leben,
Den, der zu spät gekommen ist.
Auch dies spricht für ein rasches Streben,
Wer dies gesagt, Ihr doch wohl wisst.

....

So könnte man tatsächlich denken,
Ja wer nicht wagt, der nicht gewinnt.
Doch sind, ich will hier keinen kränken,
Nicht dümmer die, die anders sind.

Denn würden wir den *Wurm* befragen,
So würd er uns schon recht klar sagen:
„Hätt´ ich mich *nicht* früh rumgetrieben,
Der Tod wär´ mir erspart geblieben!

Der Vogel hätt´ mich nicht verspiesen,
Das lange Ruh´n sei drum gepriesen!
Ja, manchmal gibt´s nichts dran zu mäkeln
Will man sich länger rum noch räkeln."

Dies können wir noch unterstreichen,
Wenn wir´s mit And´rem hier vergleichen:
So lautet eine eine wicht´ge These:
Die zweite Maus erst kriegt den Käse.

Die frühe Maus stürmt in die Falle,
Der Bügel schlägt mit lautem Knalle.
Und ausgehaucht ist schnell ein Leben,
Nur weil man früh sich tat erheben.

Und erst der nächste Mäuserich,
Der später dann heran sich schlich,
Bekam so leicht den schönen Köder,
Der erste war da etwas blöder.

Drum manchmal loht sich´s abzuwarten
Und nicht zu ungestüm zu starten.
Denn das Terrain nicht auszuspäh´n,
Kann sehr rasch in die Hose geh´n.

Am besten früh *mit* Überlegen
Sich regen, das bringt wirklich Segen.
Dabei, dies darf man schon bedenken,
Sogar dem Schlaf noch Zeit zu schenken.

Moral

Ein Lob zuweil dem klugen Wägen,
Am Anfang sollt´ ein wenig Müh´
Den Geist des weisen Menschen prägen.
Das Ziel heißt gut - und nicht *nur* früh!

Olivenjagd

(oder ein Sieg der richtigen Technik)

Eines der wichtigeren Prinzipien der Physik, das sogenannte Trägheitsgesetz, beschäftigt sich, nein nicht mit dem öffentlichen Dienst, sondern dem Wirken von Kräften auf Körper. Dabei angefallene Erkenntnisse besagen u.a., dass Körper, auf die eine Kraft einwirkt, zunächst ein gewisses Beharrungsvermögen zeigen. Dieses Phänomen ist gut in alten Stummfilmen zu beobachten, wenn etwa der Held mit einem Ruck unter einem kompletten Kaffeeservice die Tischdecke wegzieht, ohne dass das Service mit vom Tisch gerissen würde.

Die sachgerechte Anwendung dieser Technik steht im Mittelpunkt der folgenden Betrachtung.

Auch hier noch ein kurzer Hinweis: Als „natives Olivenöl" wird ein besonders hochwertiges Öl bezeichnet. Die Oliven werden kalt gepresst, und das Öl so auf besonders

schonende Weise (ohne übermäßige Wärme-
zufuhr) gewonnen.

Statt sie auszupressen, kann man Oliven
aber auch einfach in einen Cocktail werfen.
Aber Vorsicht! Hat man sie einmal aus der
Hand gegeben, reagieren sie auf fast gar
nichts mehr!

Olivenjagd

(oder ein Sieg der richtigen Technik)

An einer Bar in Ostwestfalen,
Da hat ein Mann, er war von Welt,
Weil ihm die Mixer dies empfahlen,
Sich manchen Cocktail einst bestellt.

Im letzten da schwamm ´ne Olive,
Oval und noch dazu ganz frisch,
Es war sogar noch ´ne native,
Das hat man gerne auf dem Tisch.

Der Mixer hat jedoch vergessen,
Das Früchtchen auf den Spieß zu nehmen.
Ganz frei schwimmt es darum stattdessen
Im Drink und das führt zu Problemen.

Denn unser Mann, der war sehr eigen,
Er wollte Zucht und Ordnung pur.
„Dem Früchtchen werde ich´s schon zeigen.
Der Zustand ruft nach Korrektur!"

So stellt mit einem frischen Spieße
Er bald schon der Olive nach.
„Als ob sich das nicht regeln ließe",
Sprach er, wobei er emsig stach.

Doch weil vom Sprit schon stark durchdrun-
gen,
War ihm trotz manchem guten Stich,
Nach einer Stunde nichts gelungen,
Das Früchtchen stets zur Seite wich.

Ein Mixer endlich ihn befreite.
Blitzschnell spießt´ er das Früchtchen auf.
So schnell konnt´s nicht mehr auf die Sei-
te,
War endlich auf dem Pieker drauf.

„Mein Herr", sprach er, „hier ist sie, bitte!
Die Frucht, die sie so lang empört.
Mit diesem Spieß, quer durch die Mitte,
Ist sie erlegt, die so gestört.

Ein Tempostoß, der musst´ es bringen,
Die Trägheit nutzte ich schlicht aus.
Nur so konnt´s endlich doch gelingen,
Jetzt können Sie beruhigt nach Haus."

Man hört den Gast danach berichten:
Er sagt nur kurz: „Das war doch klar,
Die Frucht doch schon vom vielen Flüchten
Und meiner Jagd ganz müde war."

Moral

Wenn du als Jäger auf den Strecken
Mal flinke Beute stellen musst,
Dann lass den Alkohol ruhig stecken,
Das schützt vor Jagdunfall und Frust.

Der Uriasbrief

(oder der zweite Frühling)

Eine nicht ganz ernst zu nehmende
Betrachtung einer ernsten Sache

Einen Uriasbrief zu überreichen bedeutet im übertragenen Sinne, sich selbst ans Messer zu liefern.

Die eher unbekannte, im elften Kapitel des zweiten Buches Samuel, also im Alten Testament, geschilderte Erzählung über König David, seine Annäherung an die Frau des Hethiters Uria(s) und Davids Bemühen, sein amouröses Abenteuer zu vertuschen, greift zwei uralte Probleme der Menschheit auf: Ehebruch und Machtmissbrauch.

König David hatte mehr als nur ein Auge auf die hübsche Frau des Hethiters Uria, Bathseba, geworfen. Als König hatte er natürlich ganz andere Möglichkeiten, sich der Frau zu nähern, als Otto Normalverbraucher, zumal der Ehemann von Bathseba noch für die Israelische Armee im Felde stand.

David ließ also die Frau zu sich kommen und vollzog mit ihr den Beischlaf.

Nachdem Bathseba, die bei den (vermutlich mehreren) sexuellen Kontakten mit dem König schwanger geworden war, David diese Tatsache mitgeteilt hatte, versuchte dieser zunächst, seine Vaterschaft zu kaschieren, indem er Uria von der Front holte und ihm befahl, sich (auch sexuell) wieder einmal etwas mehr um seine Frau zu kümmern. Uria ging auch tatsächlich heim, aber er betrat sein Haus nicht. Zu dieser Zeit stand nämlich die Bundeslade, das größte Heiligtum der Israeliten, nur in einem Zelt und Uria wollte als frommer Mann des Nachts nicht besser als die Bundeslade untergebracht sein. So schlief er draußen vor seinem Haus und nicht mit seiner Frau.

Diese besondere Rücksichtnahme nützte Uria indessen gar nichts. David ließ sich nunmehr nämlich etwas Härteres einfallen, um nicht in Schwierigkeiten zu kommen. So befahl er Uria wieder an die Front und gab ihm dabei einen Brief für den Kommandanten der Israeliten mit, in welchem er diesen aufforderte, Uria in der bevorstehenden Schlacht dort einzusetzen, wo er den sicheren Tod fände. So geschah es auch; Uria fiel im Kampf und David nahm Bathseba zu (einer) seiner Frau(en).

Zwar ließ Gott König David kurz darauf wissen, dass er ein solches Verhalten keinesfalls billige, dennoch überlebte nicht etwa der fromme Uria, sondern der Ehebrecher und Mörder in mittelbarer Täterschaft, David, die Affäre, allerdings erst, nachdem er sein Unrecht bereut und Buße getan hatte.

Auch heute noch kommen vergleichbare Dinge vor und werden ähnliche Verschleierungstechniken angewandt, wie sogleich deutlich werden wird. Manchmal läuft es aber in entscheidenden Passagen dann doch etwas anders.

Der Uriasbrief
(oder der zweite Frühling)

Es ist noch gar nicht lange her,
Da gab´s ´ne kleine Feier;
Dort im Bereich der Bundeswehr
An einem kleinen Weiher.

Romantisch mit gedämpftem Licht,
Livriert die Ordonanzen,
Selbst Fingerfood, das fehlte nicht,
Da ließ sich´s auch gut tanzen.

Und wie man so die Damen schwenkt,
Auch mal von Kameraden,
Sich so ein alter Oberst denkt:
„Ein Flirt kann doch nicht schaden!"

Die Braut vom Leutnant ist ´ne nette,
Und liegt auch noch ganz gut im Arm.
Was kümmern ihn die Etikette
Bei so viel jugendlichem Charme.

Ihr Körper sendet ihm Signale,
Er denkt, he, he, die ist nicht ohne.
Ist fasziniert mit einem Male,
Es fesseln ihn die Pheromone.

Wo Sprit und Herbsttrieb sich vereinen,
Setzt der Verstand schon einmal aus.
Grad scherzt er noch mit dieser Kleinen,
Da nimmt er sie schon mit nach Haus.

Und schnell ist man in den vier Wänden
Vom Oberst und auch an der Bar.
Sein Blut strebt zügig in die Lenden
Und fehlt dann anderswo, wie wahr!

Frau Oberst ist in Bad Gasteien
Und kann nicht wirklich jetzt hier stör´n.
Da kann man doch was Neues freien,
Der Leutnant kriegt heut´ sein Gehörn.

Die Kleine ist zum Glück nicht spröde
Und steigt auch zügig aus dem Kleid.
Die Nacht wird spritzig, gar nicht öde,
Erst nach drei Stunden sind sie´s leid.

Auch später trifft man sich zum Schmusen,
Und ist zu mehr auch noch bereit.
Herr Oberst steht auf junge Busen,
Auf viel Lametta steht die Maid.

Ja, bei dem Dienstrang des Obristen,
Da stimmen Orden und Pension.
So funktionier´n Beziehungskisten,
Bei schön viel Geld, wer fragt da schon?

Denn was ihm abgeht, so figürlich,
Das gleicht er aus mit manchem Schein.
Sie findet das nicht ungebührlich,
Und er bleibt darum nicht allein.

Ein Whirlpool steht in allen Bädern,
Und etwas Schmuck gibt er dazu.
Das Essen kommt auch nicht auf Rädern,
Ein hübsches Kleid, Designerschuh´ …

So arrangiert man sich als Pärchen,
Und findet rasch den rechten Ton.
Er nennt sie Mausi, sie ihn Bärchen,
Da stimmt dann auch die Proportion.

Frau Oberst macht nicht lange Zicken,
Zwar ahnt die Alte irgendwas.
Doch straft sie nur mit bösen Blicken,
Lässt sonst den beiden ihren Spaß.

Und meist trifft man sich auch alleine,
Ja, im Appartement in der Stadt,
Das er schon bald für seine Kleine
Zum Kuscheln eingerichtet hat.

Doch leider, ja man möcht´s kaum glauben,
Geht´s nicht sehr lange so bequem.
Im Weg steht unser´n Turteltauben
Der Leutnant, das ist ein Problem!

Der Oberst denkt: „Was soll ich machen?
Der Knabe gibt uns keine Ruh."
Und Leutnants sind in Herzenssachen
Ja wirklich schwierig ab und zu.

Nach langem Grübeln und Sinnieren
Da kommt ihm plötzlich die Idee.
Man könnte da was ausprobieren
Und dies Problem tut nicht mehr weh.

Sein Plan ist teuflisch doch recht simpel
Und umgesetzt in kurzer Zeit.
Bald ist er weg, der junge Gimpel,
Denkt sich der Oberst – Kleinigkeit!

Bei seinem Plan kommt gut zu passe
Ein Einsatz uns´rer Bundeswehr.
Im Kossovo mit großer Klasse
Übt nämlich grad´ das grüne Heer.

Mit echten Panzern und Haubitzen,
Die blauen Bohnen fliegen tief,
Macht man sich Mut mit Männerwitzen,
Und die Moral hängt ziemlich schief.

In dieses wilde Kampfgetümmel
Denkt sich der Oberst, wie gemein,
Schick ich den kleinen Leutnantlümmel,
Schnell wird er nicht mehr lästig sein.

So glaubt er schon, den bin ich quitt;
Doch um ganz sicher hier zu geh´n,
Gibt er ihm noch ein Briefchen mit,
In dem recht schlimme Dinge steh´n.

In den geheimen Marschbefehle
Schreibt er hinein, perfid´ gesetzt:
Herr Kommandant, empfehle:
Der Mann wird vorne eingesetzt.

Im Kampf, dicht bei den Pionieren,
Dort, wo die Schlacht am schlimmsten tobt,
Soll er den Helden mal probieren,
Nur bei Erfolg wird er gelobt.

Der Leutnant nimmt den Brief entgegen,
Dann zieht er los, grad ins Gefecht.
Trägt selbst ihn auf den Anmarschwegen,
So war es auch dem Oberst recht.

Der Leutnant gibt nach langer Reise
Am Ziel den Brief dann aus der Hand.
Sogleich schickt in geplanter Weise
Man ihn ganz vorn´ ins Niemandsland.

Und gleich am allerersten Tage
Trifft es des Leutnants Unterstand.
Atomisiert, gar keine Frage.
Es gab nichts mehr, was man noch fand.

Erfüllt ist des Obristen Hoffen,
Die Nachricht kommt zur Heimatfront.
Der Herr Minister ist betroffen,
Die Trauermine wirkt gekonnt.

Der Oberst greift zur Schaumweinflasche,
Dass er die Chance nicht verpennt.
Und schnell die Kleine sich erhasche,
Die doch das Neuste noch nicht kennt.

Rasch kommt er dann, zunächst zur Sache,
Und steht schon kurz vor seinem Ziel.
Da nimmt Freund Hein ganz grausam Rache
Denn das, war wirklich doch zu viel.

Auf jenes Aktes süßer Spitze,
Da macht die Pumpe plötzlich halt.
Er wird durchwallt von großer Hitze
Und dann für immer plötzlich kalt.

Mit so was gänzlich unerfahren
Denkt Sie grad noch, man ist der fromm.
Denn seine letzten Worte waren:
„Au Mann, ich glaub´ , mein Gott ich komm´ ."

Und noch hinein in´s letzte Schnauben
Hört man das Telefon, ganz schrill.
Sie kann´s noch gar nicht richtig glauben
Hebt ab, obwohl sie erst nicht will.

Am Apparat ist der Minister
Und er wirkt durch und durch entzückt.
Er zieht rhetorisch die Register
Und was er sagt, das klingt beglückt.

Als die Granate eingeschlagen,
Im Unterstand, im Kossovo,
Die Helden nicht darinnen lagen
Und auch ihr Mann war anderswo.

Sie bräuchte nun nicht mehr zu bangen
Der Krieg sei für den Leutnant aus;
Beendet dieses Unterfangen,
Ihr Mann, der komme bald nach Haus´.

Frau Leutnant, wirr noch von dem Schrecke,
Ihr fehlt der Story erster Teil,
Rollt rasch den Oberst in die Ecke
Und sucht bei Freunden erst mal Heil.

Der Nachklapp dieser Triebaffären
Ist rasch erzählt, ein alter Hut.
Es gab zwar manches zu erklären,
Doch wurd´ am Ende alles gut.

Das nächste Fest steht vor den Türen,
Dann fängt´s sogleich von vorne an.
Vielleicht will jemand wen verführen,
Ja, das passiert, so dann und wann.

Doch das soll uns nicht mehr berühren,
Für heute war´s davon genug.
Wir woll´n nicht noch mehr Zeit verlieren
Mit Treue, Trieben und Betrug.

Moral:

Machst Du, schon recht gereift an Jahren,
Als flotter Reiter noch viel Wind,
Läufst Du Gefahr, rasch zu erfahren,
Wie stressig junge Stuten sind.

Das Rätsel

oder
Ödipus´ Nachfahre nochmals
vor einer Art Sphinx

Wir erinnern uns: Ein Fabelwesen, halb Frau, halb Löwe, genannt der oder die Sphinx - so genau weiß das wegen ihres bemerkenswerten Körperbaus (grimmig männlich, aber mit Busen) auch die Mythologie nicht - lag vor der griechischen Stadt Theben herum und gab jedem, der vorbei kam ein Rätsel auf. Zunächst vermochte niemand eine Lösung zu präsentieren, weswegen jeder der Versager auch sogleich von der Sphinx (bleiben wir mal bei der weiblichen Form) ins Jenseits befördert wurde.

Das ging eine ganze Weile im Sinne der Sphinx ganz gut, dann aber kam Ödipus des Wegs. Ja, richtig, das ist der Knabe, der Siegmund Freud zu seinen Überlegungen hinsichtlich des Verhältnisses von Söhnen zu ihren Vätern und Müttern inspirierte. (In der Sage tötet Ödipus - weil er ihn nicht kennt - seinen Vater und heiratet - weil er sie nicht kennt - seine Mutter).

Ödipus war als eine Art männliches Schneewittchen nach einer Aussetzung schon einmal dem Tod mit knapper Not entronnen und wollte das quasi neu gewonnene Leben natürlich recht ungern verlieren. So strengte er sich bei der Rätsellösung ganz besonders an. Es galt, ein Tier zu erraten, das am Morgen auf vier, am Mittag auf zwei und am Abend auf drei Beinen läuft. Seine Lösung: Hier geht es um den Menschen in verschiedenen Lebensphasen; als (krabbelndes) Kleinkind, (aufrecht gehender) Erwachsener und Greis (mit Stock).

Die Sphinx stürzte sich danach angesichts so viel geistiger Kraft selbst in den Tod (in einer anderen Sagenversion half Ödipus etwas nach) und der Verkehr vor Theben konnte wieder unbehindert rollen.

Wie sähe eine vergleichbare Wegelagerei wohl heute aus. Vorstellbare Situationen lassen sich leicht finden. Das Prinzip ist stets das gleiche: Irgendjemand hat sich vor einem erstrebten Ziel aufgebaut und es gilt, an ihm vorbei zu kommen.

Stellen wir uns beispielsweise den 17-jährigen Knaben vor, der am Wochenende in die angesagteste Disco der Stadt will. Wir wollen weiterhin von dem heutzutage immer seltener werdenden Fall ausgehen, dass die

Elternteile verschiedenerlei Geschlechts und sogar noch zusammen sind. Allerdings gibt es Streit, ob sie Maik den Besuch der Hopsbude erlauben sollen. Passend zum Thema Ödipus ist Pappi dagegen, Mammi jedoch hat Verständnis für Ihren „Kleinen" und rückt noch einen 50 Euro Schein heraus - Küsschen!

Die Frage: Welche Position nimmt der Türsteher ein? ...

Das Rätsel

Wir wollen zügig jetzt beginnen,
Doch vorher uns ganz kurz besinnen,
Wie sich das damals hat begeben,
In Griechenland, beim alten Theben.

Ein gräuslich´ Vieh lag vor den Toren,
Mit Krallen, Flügeln, großen Ohren.
Das setzte jedem Wand´rer zu,
Gab ihm ein Rätsel auf im Nu.

Sie fragt´, ist bei Homer zu lesen,
Fast immer nur nach einem Wesen,
Auf ganz verschieden vielen Beinen,
Nicht trivial, so wollt´ es scheinen.

Gesucht wurd´ eins von vielen Tieren,
Mit Beinen zwei, auch drei und vieren.
Verteilt, ja nach Gelegenheiten,
Auf Morgen-, Mittags-, Abendzeiten.

Und konnte man nicht Antwort geben,
Verlor man rasch sein bisschen Leben.
Die Sphinx, die fackelte nicht lange
Und machte damit alle bange.

Doch dann kam da ein junger Recke
Und machte sie mit Grips zur Schnecke.
Ja, Ödipus, ihr kennt ihn Leute,
Seit Freud bereits und nicht erst heute.

Das ist der Typ, der Mama mochte,
und Papa auf die Birne pochte.
Die Frage er ganz schnell parierte,
Und rasch die Lösung präsentierte:

„Ich sage dir auf deine Frage:
Der Mensch ist´s, je nach Lebenslage.
Nimmt man den Tag als ganzes Leben,
Kann´s diesen Wechsel schon mal geben:

Als kleines Kind auf allen Vieren,
Bald geht er aufrecht dann spazieren.
Und spürt er erst des Alters Tücke,
Nimmt er als drittes Bein die Krücke."

Die Sphinx musst´ sich geschlagen geben,
Schied selbst darauf aus ihrem Leben.
Und wie wir alle längst heut´ wissen,
Tat keiner sie danach vermissen.

...

Nun ja, doch solche Scheußlichkeiten,
Die gab´ s nicht nur in alten Zeiten.
Nein, auch im ganz modernen Leben
Kann sich was Ähnliches ergeben:

So woll´n wir jetzt mal schnell probieren,
Und gleich ein wenig spekulieren,
Wie´s heut´ ´nem Knaben könnt´ gesche-
hen,
Würd´ vor ´ner Art von Sphinx er stehen.

Wie säh´ so eine Sphinx wohl aus?
Zum Fürchten anzuseh´n, oh Graus!
Das vorzustell´n fällt gar nicht leicht;
Ein Wächter vor ´ner Tür vielleicht?

Wir stell´n uns vor, Maik-Jimmy Frisko,
Will in die tollste Hip-Hop Disco.
Zwar nützt´ bei Pappi hier kein Flehen,
Doch Mammi tat den Maik verstehen.

So steht er jetzt mit feuchten Händen,
Und einem Pochen in den Lenden,
Vor´m Starlight und würd´ alles geben,
Käm´ er hinein, was zu erleben.

Zum Unglück gibt´s da eine Grenze,
Ist man noch keine achtzehn Lenze.
Mit siebzehn heißt´s jetzt was erfinden,
Den Doorman Henk zu überwinden.

Wie eine Sphinx steht der im Wege,
Will für das Alter gar Belege,
Um gnadenlos dann auszusieben,
All´ jene, die zu jung geblieben.

Da nützt kein Jammern und kein Flehen,
Der Henk lässt jeden draußen stehen.
Und Maik kann´s drehen und auch wenden,
Wie´s scheint, soll heut´ sein Traum hier
enden!

...

Da schaut der Türensteher lange
Auf Maik, dem wird schon richtig bange.
Und plötzlich, ist das denn zu fassen,
Wird Henk sich doch erweichen lassen?

Spricht der „Was soll das schlechte Leben,
Ich werd´ dir heut´ ´ne Chance geben.
Wir wollen jetzt ein wenig quizzen,
Und testen schnell dein Schülerwissen.

Ich weiß ein Rätsel, gar nicht ohne
Doch bist du gut, kommst du zum Lohne
Jetzt gleich in diesen Laden rein;
Ich hoff´, dir fällt die Lösung ein."

Er fragt und grinst aus vollem Leibe,
„Was ist das, was ich jetzt beschreibe:
Die Dame sitzt, der Herr, der steht,
Der Hund hebt´s Bein, so gut, wie´s geht."

...

Der Maik denkt schon, dir werd´ ich´s hus-
ten,
Will gleich die Lösung rüber prusten.
Doch dann besinnt er sich ganz schnelle,
Denn, ach zum Glück, ist er recht helle.

Er spürt: zwar kann ich mir was reimen,
Doch will der Henk mich sicher leimen.
Die Lösung wird des Grips´ bedürfen,
Ich muss wohl tiefer dabei schürfen. ...

Er nutzt geschickt die Redepause,
Und, denn er kommt aus gutem Hause,
Durchforscht rasch die bekannten Themen,
Gelangt zu höflichem Benehmen.

Und weiß nach kurzem subsumieren,
Es geht natürlich um Manieren.
Die Anstandsregeln woll´n gestalten,
Verlangen von uns dies Verhalten.

Er sagt, und will schon triumphieren:
„In Ordnung, ich will´s mal probieren.
Ich hätte folgendes zu bieten:
Es geht hier um Begrüßungsriten.

Die Herren sich dazu erheben,
Die Damen sitzend Händchen geben.
Und wenn ich Waldi Hallo sage,
So gibt er Pfötchen, keine Frage.

Der Henk steht wie vom Schlag getroffen.
Er fühlt sich alt und wie besoffen.
Der Teenie, muss er sich gestehen,
Der hat bis auf den Grund gesehen.

Er gibt, wenngleich mit etwas Grollen,
Den Weg frei, da gibt´s nichts zu wollen.
Und Maik stürmt in den Nobelschuppen
Und wirft sich auf die Glitzerpuppen;

Vollzieht ganz oft im großen Saale
Dann die genannten Rituale.
Trinkt manchen Schluck und kann dann se-
hen,
Man(n) bleibt nicht nur beim Grüßen stehen.
...

Moral

Will man das Leben gut verstehen
Muss man die Dinge richtig sehen.

Und auch mal hinter diese blicken,
Nicht gleich beim Ersten Besten nicken.

Dann wird man bald recht klar erspüren:
Mehr Bildung öffnet auch mehr Türen !

Null Promille

(bei jeder Fahrt !)

Das strikte Gebot: „Null-Promille" - bei je-
der Fahrt - klingt so, als sei es an Vernünf-
tigkeit durch fast nichts zu überbieten. Die
folgenden Überlegungen zeigen indessen,
dass es auch hier aus, oder vielmehr bei,
guten Gründen Ausnahmen geben darf, je-
denfalls solange keine akute Gefährdung
von Menschenleben zu besorgen ist.

Zur Abwechslung erfolgt die lyrische Sach-
verhaltsdarstellung hier einmal mundartlich.
Für diejenigen, die den im Folgenden ver-
wendeten Berliner Dialekt für nicht ganz
richtig getroffen halten sei gesagt, dass ich
in Berlin auf so viele mundartliche Ver-
schiedenartigkeiten gestoßen bin, dass ich
mit Fug und Recht behaupten kann: Es gibt
nicht *den* Berliner Dialekt.

So verhält es sich nach meinen Erfahrungen
übrigens mit den meisten anderen Dialek-
ten. Auch das noch folgende letzte Gedicht
(in Düsseldorfer Mundart) behält sich da-
her entsprechende „Freiheiten" vor. Hei-
matforscher mögen mir da widersprechen,

aber das ist mir egal, denn Mundartfor-
scher wissen es sowieso immer besser, ob-
wohl sie sich auch untereinander keineswegs
einig sind und außerdem ist mir noch jeder
dieser Forscher den Beweis schuldig geblie-
ben, dass das von mir bevorzugte Idiom
nicht doch irgendwo in der betreffenden
Region gesprochen wird.

Hier also *ein* Berliner Versuch:

Null Promille

(bei *jeder* Fahrt !)

Zu einem Manne, er hieß Schlüter,
Sprach in Berlin ein Ordnungshüter:
„Ik sehe jrad, se woll´n noch fahren
Und kann mir darum nich´ ersparen,
Zu fragen, ob se nich´ zuville
Schon intus haben an Promille.
Ick jlobe, det ick richtich ahne,
Denn ick riech´ nämlich ooch ´ne Fahne.

Der Mann war schon ein Stück verlegen,
Mit roter Nase und deswegen
Gab er zurück: „Herr Hauptwachtmeester,
Een Freund von mir, Horst-Ejon heeßter,
War jrad mit mir, so spielt det Leben,
Janz kurz ´ne kleene Molle heben.
Ick saache doch, ´ne janz janz kleene.
Ick steh noch sicher uff de Beene!

Der Schutzmann drauf: „Wie oft ick höre,
Een Jläschen nur, nich´ mehr, ick schwöre…
Det kann ick wirklich nich´ mehr jlooben,
Oft wird´ da ville mehr jehoben.
Ejal von weejens diese Molle
Jibt´s jetzt ´ne Alkoholkontrolle!
Alleen schon wejens ihre Nasen
Wird jetze hier ins Rohr jeblasen!"

Der Mann zurück: „Die een, zwee Jläschen,
Spür´ ick doch kaum in mein´n Bläschen.
Ob eens, ob zwee, ob welche Nummer,
Ick trink´ doch nur aus Liebeskummer.
Ja det ooch noch zu saachen bliebe,
Ick hab´ vill Pech, jrad inner Liebe.
De janze Scheiß-Beziehungskiste
Is lang schon uff de Sperrmüllliste."

Tatsächlich wird bei diesem Bilde
Des Polizisten Blick kurz milde.
Doch dann, obgleich schon etwas heiter,
Spricht des Gesetzes Auge weiter:
„Nee, sovill Sprit in ihren Blute,
Det is nu wirklich jar nich jute.
Man soll, da muss ick se belehren,
Bei Liebeskummer nich verkehren!"
Um keine Zeit mehr zu verlieren,
Will er dann rasch protokollieren. …

Da lässt sich eine Stimme hören:
Ein Dritter fragt: „Ich will nicht stören,
Doch woll´n die Herrn mir freundlichst sa-
gen,
Ich möcht´ nicht gern woanders fragen,
Wo gibt´s denn bitte die Corsagen,
Ich such´ die schon in drei Etagen,
Will keine Zeit mehr nun verlieren
Und´s jetzt mal mit dem Lift probieren."

Dabei, vorbei am Ordnungshüter,
Blickt hoffnungsfroh er auf Herrn Schlü-
ter.
Der ist, ich will es mal so nennen,
Als Aufzugführer zu erkennen.
Denn er ist schnell herausgefunden,
Aus all´ den ander´n Kaufhauskunden.
Zeigt seine Uniform doch munter:
Ich fahr´ euch gerne rauf und runter.

Herr Schlüter nickt und meint beflissen:
„Corsagen, wollen ville wissen.
Hereinspaziert, Etage sieben,
Da finden se wat zun verlieben.
Nu komm´ se schon hier bei mich rinne,
Ick fahr se jerne jleich dahinne.
Nur keene Sorje inne Köppe,
Ik kenne alle meene Knöppe."

Dann blickt er noch zum Schutzmann hinne,
Der nickt dazu, in diesem Sinne:
„Und is det Koofhaus noch so volle,
Heut´ jibt et eben keene Knolle.
Zwar nimmt er jeden sonst beim Wickel,
Doch ist so´n Lift ja kein Vehikel.
Man fühlt ihn Unbehagen spüren,
Drum zu jetzt mit den Aufzugtüren!

Moral:

Hängst du am sich´ren Seil im Leben
Kannst du schon mal ein Gläschen heben.

Düsseldorf - mon amour

Düsseldorf, die Landeshauptstadt Nord-rhein-Westfalens, meine Geburts- und lange Jahre Heimatstadt, liegt mir immer noch sehr im Herzen. Düsseldorf war lange Zeit wohl die wirtschaftlich bedeutsamste Stadt und damit einer der wichtigsten Orte Europas, denn von dort aus wurde jahrelang die mächtigste Industrieregion Europas, das Ruhrgebiet, regiert. Das ist zwar vorbei, aber von Düsseldorf aus wird immer noch das bevölkerungsreichste Bundesland Deutschlands, mit mehr Einwohnern, als z.B. der gesamten früheren DDR, regiert. Außerdem ist Düsseldorf eine grüne Stadt mit einer wundervollen Rheinfront.

Neben meiner Geburtsstadt liebe ich aber auch das gesamte Rheinland. Trotz der behaupteten Rivalität zwischen den Düsseldorfern und den Kölnern und dem angeblich dort herrschenden „Klüngel" gilt meine besondere Sympathie auch der großen Stadt südlich von Düsseldorf. Ein Gläschen Kölsch mag ich - neben dem Altbier - auch ganz gerne.

Diese Verbundenheit zu den rheinischen Metropolen verlangt nach einer Manifestierung. So konnte ich das mundartliche Gedicht im „Berliner Slang" nicht alleine stehen lassen und musste noch ein kurzes mundartliches „Reimchen" im - selbstgestrickten - Düsseldorfer Dialekt hinzufügen. Da es keinen allgemein verbindlichen mundartlichen Kodex für „Düsseldorfer Platt" gibt (hier ist es, wie in Berlin) - darf ich behaupten, dass die folgende mundartliche Hommage an Düsseldorf und das Altbier zumindest einen Eindruck von dem in dieser Region herrschenden Idiom gibt.

Noch zwei vielleicht unbekannte Vokabeln: „Flönz" ist die Bezeichnung für verschiedene Arten von (rheinischer) Blutwurst, eine fettreiche „Spezialität", die sich als Grundlage für einen ordentlichen Schluck Bier bestens eignet, allerdings wohl nicht jedermanns Geschmack ist. „Schabau" bezeichnet (so ziemlich jede Art von) Schnaps, sei es ein schlichter Korn oder auch der berühmtberüchtigte Düsseldorfer „Killepitsch" und entspricht schon eher dem Geschmack breiterer Bevölkerungsgruppen.

Und nun viel Spaß oder besser Spass beim Lesen!

Düsseldorf - ming Lieb

En Düsseldorf, do fleeß de Rhing,

Maaht do sit Joohre schon sin Ding.

Jo, dat es joohd, so sollet bleeve,

Denn Wasser, dat heißt emmer Leeve.

Zedem met Wasser, keine Fraage,

Do maaht man Altbier kann isch saage.

Un jehts em Leeve ooch mal runnder

Dat Altbier hällt uns frisch un munnder!

Dobei en Flönz und jet Schabau,

Em Arm en Mädsche, ooch sin Frau,

Mehr bruchste nit um froh ze sin,

Dat isset, weil, ich jern he bin!

Moral:

Wo lange Zeit man war geborgen,
Geliebt und frei von echten Sorgen.
Daran man denkt oft voller Glück
Und kehrt auch gern´ dorthin zurück.

Nachwort

So, genug von Prosa, Reimen und Moral. Die hier angesprochenen Lebensweisheiten haben hoffentlich die eine oder andere Überraschung geboten. Wer Überraschungen nicht so sehr liebt, kann sich das Ganze natürlich nochmals zu Gemüte führen und testen, wie sich die jeweiligen Gedichte und Moralempfehlungen - oder die Wendungen darin - anhören, wenn man die kleinen Knalleffekte bereits kennt. Es wird dann wohl häufiger die Überraschung fehlen, allerdings werden dann manche Gedichtzeilen sogleich beim Lesen transparenter erscheinen und erschließen sich nicht erst aus der Schlussbetrachtung heraus. Auch diese Herangehensweise kann ihren eigenen Reiz entfalten. Aber das mag jeder für sich selbst festlegen. Das Schöne an einem Buch ist ja, dass man ganz autark entscheiden darf, was man jetzt machen will und einem kein Programm einfach sagen kann: „Zu dieser Operation sind sie nicht berechtigt", oder „fragen sie bitte ihren Administrator".

Hier trifft noch der Leser souverän die Entscheidung!

Herstellung und Verlag:
BoD - Books on Demand, Norderstedt
ISBN 978-3-7460-4721-8